信访工作条例

(含条文对照)

中国民主法制出版社

图书在版编目（CIP）数据

信访工作条例：含条文对照／《信访工作条例》（含条文对照）编写组编．—北京：中国民主法制出版社，2022.4

ISBN 978-7-5162-2825-8

Ⅰ.①信…　Ⅱ.①信…　Ⅲ.①信访工作—条例—中国　Ⅳ.①D922.182.1

中国版本图书馆 CIP 数据核字（2022）第 059643 号

书名/信访工作条例（含条文对照）

出版・发行/中国民主法制出版社
地址/北京市丰台区右安门外玉林里 7 号（100069）
电话/（010）63055259（总编室）　63058068　63057714（营销中心）
传真/（010）63055259
http://www.npcpub.com
E-mail:mzfz@npcpub.com
经销/新华书店
开本/32 开　850 毫米 × 1168 毫米
印张/1.75　**字数**/36 千字
版本/2022 年 4 月第 1 版　2022 年 4 月第 1 次印刷
印刷/三河市宏图印务有限公司

书号/ISBN 978-7-5162-2825-8
定价/8.00 元

目　录

信访工作条例

（2022年1月24日中共中央政治局会议审议批准　2022年2月25日中共中央、国务院发布）

第一章　总　　则

第一条　为了坚持和加强党对信访工作的全面领导，做好新时代信访工作，保持党和政府同人民群众的密切联系，制定本条例。

第二条　本条例适用于各级党的机关、人大机关、行政机关、政协机关、监察机关、审判机关、检察机关以及群团组织、国有企事业单位等开展信访工作。

第三条　信访工作是党的群众工作的重要组成部分，是党和政府了解民情、集中民智、维护民利、凝聚民心的一项重要工作，是各级机关、单位及其领导干部、工作人员接受群众监督、改进工作作风的重要途径。

第四条 信访工作坚持以马克思列宁主义、毛泽东思想、邓小平理论、“三个代表”重要思想、科学发展观、习近平新时代中国特色社会主义思想为指导，贯彻落实习近平总书记关于加强和改进人民信访工作的重要思想，增强“四个意识”、坚定“四个自信”、做到“两个维护”，牢记为民解难、为党分忧的政治责任，坚守人民情怀，坚持底线思维、法治思维，服务党和国家工作大局，维护群众合法权益，化解信访突出问题，促进社会和谐稳定。

第五条 信访工作应当遵循下列原则：

（一）坚持党的全面领导。把党的领导贯彻到信访工作各方面和全过程，确保正确政治方向。

（二）坚持以人民为中心。践行党的群众路线，倾听群众呼声，关心群众疾苦，千方百计为群众排忧解难。

（三）坚持落实信访工作责任。党政同责、一岗双责，属地管理、分级负责，谁主管、谁负责。

（四）坚持依法按政策解决问题。将信访纳入法治化轨道，依法维护群众权益、规范信访秩序。

（五）坚持源头治理化解矛盾。多措并举、综合施策，着力点放在源头预防和前端化解，把可能引发信访问题的矛盾纠纷化解在基层、化解在萌芽状态。

第六条 各级机关、单位应当畅通信访渠道，做好信访工作，认真处理信访事项，倾听人民群众建议、意见和要求，接受人民群众监督，为人民群众服务。

第二章 信访工作体制

第七条 坚持和加强党对信访工作的全面领导，构建党委统一领导、政府组织落实、信访工作联席会议协调、信访部门推动、各方齐抓共管的信访工作格局。

第八条 党中央加强对信访工作的统一领导：

（一）强化政治引领，确立信访工作的政治方向和政治原则，严明政治纪律和政治规矩；

（二）制定信访工作方针政策，研究部署信访工作中事关党和国家工作大局、社会和谐稳定、群众权益保障的重大改革措施；

（三）领导建设一支对党忠诚可靠、恪守为民之责、善做群众工作的高素质专业化信访工作队伍，为信访工作提供组织保证。

第九条 地方党委领导本地区信访工作，贯彻落实党中央关于信访工作的方针政策和决策部署，执行上级党组织关于信访工作的部署要求，统筹信访工作责任体系构建，支持和督促下级党组织做好信访工作。

地方党委常委会应当定期听取信访工作汇报，分析形势，部署任务，研究重大事项，解决突出问题。

第十条 各级政府贯彻落实上级党委和政府以及本级党委关于信访工作的部署要求，科学民主决策、依法履行职责，组织各方力量加强矛盾纠纷排查化解，及时妥善处理信访事项，研究解决政策性、群体性信访突出问题和疑难复杂信访问题。

第十一条 中央信访工作联席会议在党中央、国务院领导下，负责全国信访工作的统筹协调、整体推进、督促落实，履行下列职责：

（一）研究分析全国信访形势，为中央决策提供参考；

（二）督促落实党中央关于信访工作的方针政策和决策部署；

（三）研究信访制度改革和信访法治化建设重大问题和事项；

（四）研究部署重点工作任务，协调指导解决具有普遍性的信访突出问题；

（五）领导组织信访工作责任制落实、督导考核等工作；

（六）指导地方各级信访工作联席会议工作；

（七）承担党中央、国务院交办的其他事项。

中央信访工作联席会议由党中央、国务院领导同志以及有关部门负责同志担任召集人，各成员单位负责同志参加。中央信访工作联席会议办公室设在国家信访局，承担联席会议的日常工作，督促检查联席会议议定事项的落实。

第十二条　中央信访工作联席会议根据工作需要召开全体会议或者工作会议。研究涉及信访工作改革发展的重大问题和重要信访事项的处理意见，应当及时向党中央、国务院请示报告。

中央信访工作联席会议各成员单位应当落实联席会议确定的工作任务和议定事项，及时报送落实情况；及时将本领域重大敏感信访问题提请联席会议研究。

第十三条　地方各级信访工作联席会议在本级党委和政府领导下，负责本地区信访工作的统筹协调、整体推进、督促落实，协调处理发生在本地区的重要信访问题，指导下级信访工作联席会议工作。联席会议召集人一般由党委和政府负责同志担任。

地方党委和政府应当根据信访工作形势任务，及时调整成员单位，健全规章制度，建立健全信访信息分析研判、重大信访问题协调处理、联合督查等工作机制，提升联席会议工作的科学化、制度化、规范化水平。

根据工作需要，乡镇党委和政府、街道党工委和办事处可以建立信访工作联席会议机制，或者明确党政联席会定期研究本地区信访工作，协调处理发生在本地区的重要信访问题。

第十四条　各级党委和政府信访部门是开展信访工作的专门机构，履行下列职责：

（一）受理、转送、交办信访事项；

（二）协调解决重要信访问题；

（三）督促检查重要信访事项的处理和落实；

（四）综合反映信访信息，分析研判信访形势，为党委和政府提供决策参考；

（五）指导本级其他机关、单位和下级的信访工作；

（六）提出改进工作、完善政策和追究责任的建议；

（七）承担本级党委和政府交办的其他事项。

各级党委和政府信访部门以外的其他机关、单位应当根据信访工作形势任务，明确负责信访工作的机构或者人员，参照党委和政府信访部门职责，明确相应的职责。

第十五条 各级党委和政府以外的其他机关、单位应当做好各自职责范围内的信访工作，按照规定及时受理办理信访事项，预防和化解政策性、群体性信访问题，加强对下级机关、单位信访工作的指导。

各级机关、单位应当拓宽社会力量参与信访工作的制度化渠道，发挥群团组织、社会组织和“两代表一委员”、社会工作者等作用，反映群众意见和要求，引导群众依法理性反映诉求、维护权益，推动矛盾纠纷及时有效化解。

乡镇党委和政府、街道党工委和办事处以及村（社区）“两委”应当全面发挥职能作用，坚持和发展新时代“枫桥经验”，积极协调处理化解发生在当地的信访事项和矛盾纠纷，努力做到小事不出村、大事不出镇、矛盾不上交。

第十六条 各级党委和政府应当加强信访部门建设，选优配强领导班子，配备与形势任务相适应的工作力量，建立健全信访督查专员制度，打造高素质专业化信访干部队伍。各级党委和政府信访部门主要负责同志应当由本级党委或者政府副秘书长〔办公厅（室）副主任〕兼任。

各级党校（行政学院）应当将信访工作作为党性教育内容纳入教学培训，加强干部教育培训。

各级机关、单位应当建立健全年轻干部和新录用干部到信访工作岗位锻炼制度。

各级党委和政府应当为信访工作提供必要的支持和保障，所需经费列入本级预算。

第三章 信访事项的提出和受理

第十七条 公民、法人或者其他组织可以采用信息网络、书信、电话、传真、走访等形式，向各级机关、单位反映情况，提出建议、意见或者投诉请求，有关机关、单位应当依规依法处理。

采用前款规定的形式，反映情况，提出建议、意见或者投诉请求的公民、法人或者其他组织，称信访人。

第十八条 各级机关、单位应当向社会公布网络信访渠道、通信地址、咨询投诉电话、信访接待的时间和地点、查询信访事项处理进展以及结果的方式等相关事项，在其信访接待场所或者网站公布与信访工作有关的党内法规和法律、法规、规章，信访事项的处理程序，以及其他为信访人提供便利的相关事项。

各级机关、单位领导干部应当阅办群众来信和网上信访、定期接待群众来访、定期下访，包案化解群众反映强烈的突出问题。

市、县级党委和政府应当建立和完善联合接访工作机制，根据工作需要组织有关机关、单位联合接待，一站式解决信访问题。

任何组织和个人不得打击报复信访人。

第十九条 信访人一般应当采用书面形式提出信访事项，并载明其姓名（名称）、住址和请求、事实、理由。对采用口头形式提出的信访事项，有关机关、单位应当如实记录。

信访人提出信访事项，应当客观真实，对其所提供材料内容的真实性负责，不得捏造、歪曲事实，不得诬告、陷害他人。

信访事项已经受理或者正在办理的，信访人在规定期限内向受理、办理机关、单位的上级机关、单位又提出同一信访事项的，上级机关、单位不予受理。

第二十条 信访人采用走访形式提出信访事项的，应当到有权处理的本级或者上一级机关、单位设立或者指定的接待场所提出。

信访人采用走访形式提出涉及诉讼权利救济的信访事项，应当按照法律法规规定的程序向有关政法部门提出。

多人采用走访形式提出共同的信访事项的，应当推选代表，代表人数不得超过5人。

各级机关、单位应当落实属地责任，认真接待处理群众来访，把问题解决在当地，引导信访人就地反映问题。

第二十一条 各级党委和政府应当加强信访工作信息化、智能化建设，依规依法有序推进信访信息系统互联互通、信息共享。

各级机关、单位应当及时将信访事项录入信访信息系统，使网上信访、来信、来访、来电在网上流转，方便信访人查询、评价信访事项办理情况。

第二十二条 各级党委和政府信访部门收到信访事项，应当予以登记，并区分情况，在15日内分别按照下列方式处理：

（一）对依照职责属于本级机关、单位或者其工作部门处理决定的，应当转送有权处理的机关、单位；情况重大、紧急的，应当及时提出建议，报请本级党委和政府决定。

（二）涉及下级机关、单位或者其工作人员的，按照“属地管理、分级负责，谁主管、谁负责”的原则，转送有权处理的机关、单位。

（三）对转送信访事项中的重要情况需要反馈办理结果的，可以交由有权处理的机关、单位办理，要求其在指定办理期限内反馈结果，提交办结报告。

各级党委和政府信访部门对收到的涉法涉诉信件，应当转送同级政法部门依法处理；对走访反映涉诉问题的信访人，应当释法明理，引导其向有关政法部门反映问题。对属于纪检监察机关受理的检举控告类信访事项，应当按照管理权限转送有关纪检监察机关依规依纪依法处理。

第二十三条 党委和政府信访部门以外的其他机关、单位收到信访人直接提出的信访事项，应当予以登记；对属于本机关、单位职权范围的，应当告知信访人接收情况以及处理途径和程序；对属于本系统下级机关、单位职权范围的，应当转送、交办有权处理的机关、单位，并告知信访人转送、交办去向；对不属于本机关、单位或者本系统职权范围的，应当告知信访人向有权处理的机关、单位提出。

对信访人直接提出的信访事项，有关机关、单位能够当场告知的，应当当场书面告知；不能当场告知的，应当自收到信访事项之日起15日内书面告知信访人，但信访人的姓名（名称）、住址不清的除外。

对党委和政府信访部门或者本系统上级机关、单位转送、交办的信访事项，属于本机关、单位职权范围的，有关机关、单位应当自收到之日起15日内书面告知信访人接收情况以及处理途径和程序；不属于本机关、单位或者本系统职权范围的，有关机关、单位应当自收到之日起5个工作日内提出异议，并详细说明理由，经转送、交办的信访部门或者上级机关、单位核实同意后，交还相关材料。

政法部门处理涉及诉讼权利救济事项、纪检监察机关处理检举控告事项的告知按照有关规定执行。

第二十四条 涉及两个或者两个以上机关、单位的信访事项，由所涉及的机关、单位协商受理；受理有争议的，由其共同的上一级机关、单位决定受理机关；受理有争议且没有共同的上一级机关、单位的，由共同的信访工作联席会议协调处理。

应当对信访事项作出处理的机关、单位分立、合并、撤销的，由继续行使其职权的机关、单位受理；职责不清的，由本级党委和政府或者其指定的机关、单位受理。

第二十五条 各级机关、单位对可能造成社会影响的重大、紧急信访事项和信访信息，应当及时报告本级党委和政府，通报相关主管部门和本级信访工作联席会议办公室，在职责范围内依法及时采取措施，防止不良影响的产生、扩大。

地方各级党委和政府信访部门接到重大、紧急信访事项和信访信息，应当向上一级信访部门报告，同时报告国家信访局。

第二十六条 信访人在信访过程中应当遵守法律、法规，不得损害国家、社会、集体的利益和其他公民的合法权利，自觉维护社会公共秩序和信访秩序，不得有下列行为：

（一）在机关、单位办公场所周围、公共场所非法聚集，围堵、冲击机关、单位，拦截公务车辆，或者堵塞、阻断交通；

（二）携带危险物品、管制器具；

（三）侮辱、殴打、威胁机关、单位工作人员，非法限制他人人身自由，或者毁坏财物；

（四）在信访接待场所滞留、滋事，或者将生活不能自理的人弃留在信访接待场所；

（五）煽动、串联、胁迫、以财物诱使、幕后操纵他人信访，或者以信访为名借机敛财；

（六）其他扰乱公共秩序、妨害国家和公共安全的行为。

第四章 信访事项的办理

第二十七条 各级机关、单位及其工作人员应当根据各自职责和有关规定，按照诉求合理的解决问题到位、诉求无理的思想教育到位、生活困难的帮扶救助到位、行为违法的依法处理的要求，依法按政策及时就地解决群众合法合理诉求，维护正常信访秩序。

第二十八条 各级机关、单位及其工作人员办理信访事项，应当恪尽职守、秉公办事，查明事实、分清责任，加强教育疏导，及时妥善处理，不得推诿、敷衍、拖延。

各级机关、单位应当按照诉讼与信访分离制度要求，将涉及民事、行政、刑事等诉讼权利救济的信访事项从普通信访体制中分离出来，由有关政法部门依法处理。

各级机关、单位工作人员与信访事项或者信访人有直接利害关系的，应当回避。

第二十九条 对信访人反映的情况、提出的建议意见类事项，有权处理的机关、单位应当认真研究论证。对科学合理、具有现实可行性的，应当采纳或者部分采纳，并予以回复。

信访人反映的情况、提出的建议意见，对国民经济和社会发展或者对改进工作以及保护社会公共利益有贡献的，应当按照有关规定给予奖励。

各级党委和政府应当健全人民建议征集制度，对涉及国计民生的重要工作，主动听取群众的建议意见。

第三十条 对信访人提出的检举控告类事项，纪检监察机关或者有权处理的机关、单位应当依规依纪依法接收、受理、办理和反馈。

党委和政府信访部门应当按照干部管理权限向组织

（人事）部门通报反映干部问题的信访情况，重大情况向党委主要负责同志和分管组织（人事）工作的负责同志报送。组织（人事）部门应当按照干部选拔任用监督的有关规定进行办理。

不得将信访人的检举、揭发材料以及有关情况透露或者转给被检举、揭发的人员或者单位。

第三十一条 对信访人提出的申诉求决类事项，有权处理的机关、单位应当区分情况，分别按照下列方式办理：

（一）应当通过审判机关诉讼程序或者复议程序、检察机关刑事立案程序或者法律监督程序、公安机关法律程序处理的，涉法涉诉信访事项未依法终结的，按照法律法规规定的程序处理。

（二）应当通过仲裁解决的，导入相应程序处理。

（三）可以通过党员申诉、申请复审等解决的，导入相应程序处理。

（四）可以通过行政复议、行政裁决、行政确认、行政许可、行政处罚等行政程序解决的，导入相应程序处理。

（五）属于申请查处违法行为、履行保护人身权或者财产权等合法权益职责的，依法履行或者答复。

（六）不属于以上情形的，应当听取信访人陈述事实和理由，并调查核实，出具信访处理意见书。对重大、复杂、疑难的信访事项，可以举行听证。

第三十二条 信访处理意见书应当载明信访人投诉请求、事实和理由、处理意见及其法律法规依据：

（一）请求事实清楚，符合法律、法规、规章或者其他有关规定的，予以支持；

（二）请求事由合理但缺乏法律依据的，应当作出解释说明；

（三）请求缺乏事实根据或者不符合法律、法规、规章或者其他有关规定的，不予支持。

有权处理的机关、单位作出支持信访请求意见的，应当督促有关机关、单位执行；不予支持的，应当做好信访人的疏导教育工作。

第三十三条 各级机关、单位在处理申诉求决类事项过程中，可以在不违反政策法规强制性规定的情况下，在裁量权范围内，经争议双方当事人同意进行调解；可以引导争议双方当事人自愿和解。经调解、和解达成一致意见的，应当制作调解协议书或者和解协议书。

第三十四条 对本条例第三十一条第六项规定的信访事项应当自受理之日起60日内办结；情况复杂的，经本机关、单位负责人批准，可以适当延长办理期限，但延长期限不得超过30日，并告知信访人延期理由。

第三十五条 信访人对信访处理意见不服的，可以自收到书面答复之日起30日内请求原办理机关、单位的上一级机关、单位复查。收到复查请求的机关、单位应当自收到复查请求之日起30日内提出复查意见，并予以书面答复。

第三十六条 信访人对复查意见不服的，可以自收到书面答复之日起30日内向复查机关、单位的上一级机关、单位请求复核。收到复核请求的机关、单位应当自收到复核请求之日起30日内提出复核意见。

复核机关、单位可以按照本条例第三十一条第六项的规定举行听证，经过听证的复核意见可以依法向社会公示。听证所需时间不计算在前款规定的期限内。

信访人对复核意见不服，仍然以同一事实和理由提出投诉请求的，各级党委和政府信访部门和其他机关、单位不再受理。

第三十七条 各级机关、单位应当坚持社会矛盾纠纷多元预防调处化解，人民调解、行政调解、司法调解联动，综合运用法律、政策、经济、行政等手段和教育、协商、疏导等办法，多措并举化解矛盾纠纷。

各级机关、单位在办理信访事项时，对生活确有困难的信访人，可以告知或者帮助其向有关机关或者机构依法申请社会救助。符合国家司法救助条件的，有关政法部门应当按照规定给予司法救助。

地方党委和政府以及基层党组织和基层单位对信访事项已经复查复核和涉法涉诉信访事项已经依法终结的相关信访人，应当做好疏导教育、矛盾化解、帮扶救助等工作。

第五章　监督和追责

第三十八条　各级党委和政府应当对开展信访工作、落实信访工作责任的情况组织专项督查。

信访工作联席会议及其办公室、党委和政府信访部门应当根据工作需要开展督查，就发现的问题向有关地方和部门进行反馈，重要问题向本级党委和政府报告。

各级党委和政府督查部门应当将疑难复杂信访问题列入督查范围。

第三十九条　各级党委和政府应当以依规依法及时就地解决信访问题为导向，每年对信访工作情况进行考核。考核结果应当在适当范围内通报，并作为对领导班子和有关领导干部综合考核评价的重要参考。

对在信访工作中作出突出成绩和贡献的机关、单位或者个人，可以按照有关规定给予表彰和奖励。

对在信访工作中履职不力、存在严重问题的领导班子和领导干部，视情节轻重，由信访工作联席会议进行约谈、通报、挂牌督办，责令限期整改。

第四十条　党委和政府信访部门发现有关机关、单位存在违反信访工作规定受理、办理信访事项，办理信访事项推诿、敷衍、拖延、弄虚作假或者拒不执行信访处理意见等情形的，应当及时督办，并提出改进工作的建议。

对工作中发现的有关政策性问题，应当及时向本级党委和政府报告，并提出完善政策的建议。

对在信访工作中推诿、敷衍、拖延、弄虚作假造成严重后果的机关、单位及其工作人员，应当向有管理权限的机关、单位提出追究责任的建议。

对信访部门提出的改进工作、完善政策、追究责任的建议，有关机关、单位应当书面反馈采纳情况。

第四十一条 党委和政府信访部门应当编制信访情况年度报告，每年向本级党委和政府、上一级党委和政府信访部门报告。年度报告应当包括下列内容：

（一）信访事项的数据统计、信访事项涉及领域以及被投诉较多的机关、单位；

（二）党委和政府信访部门转送、交办、督办情况；

（三）党委和政府信访部门提出改进工作、完善政策、追究责任建议以及被采纳情况；

（四）其他应当报告的事项。

根据巡视巡察工作需要，党委和政府信访部门应当向巡视巡察机构提供被巡视巡察地区、单位领导班子及其成员和下一级主要负责人有关信访举报，落实信访工作责任制，具有苗头性、倾向性的重要信访问题，需要巡视巡察工作关注的重要信访事项等情况。

第四十二条 因下列情形之一导致信访事项发生，造成严重后果的，对直接负责的主管人员和其他直接责任人员，依规依纪依法严肃处理；构成犯罪的，依法追究刑事责任：

（一）超越或者滥用职权，侵害公民、法人或者其他组织合法权益；

（二）应当作为而不作为，侵害公民、法人或者其他组织合法权益；

（三）适用法律、法规错误或者违反法定程序，侵害公民、法人或者其他组织合法权益；

（四）拒不执行有权处理机关、单位作出的支持信访请求意见。

第四十三条 各级党委和政府信访部门对收到的信访事项应当登记、转送、交办而未按照规定登记、转送、交办，或者应当履行督办职责而未履行的，由其上级机关责令改正；造成严重后果的，对直接负责的主管人员和其他直接责任人员依规依纪依法严肃处理。

第四十四条 负有受理信访事项职责的机关、单位有下列情形之一的，由其上级机关、单位责令改正；造成严重后果的，对直接负责的主管人员和其他直接责任人员依规依纪依法严肃处理：

（一）对收到的信访事项不按照规定登记；

（二）对属于其职权范围的信访事项不予受理；

（三）未在规定期限内书面告知信访人是否受理信访事项。

第四十五条 对信访事项有权处理的机关、单位有下列情形之一的，由其上级机关、单位责令改正；造成严重后果的，对直接负责的主管人员和其他直接责任人员依规依纪依法严肃处理：

（一）推诿、敷衍、拖延信访事项办理或者未在规定期限内办结信访事项；

（二）对事实清楚，符合法律、法规、规章或者其他有关规定的投诉请求未予支持；

（三）对党委和政府信访部门提出的改进工作、完善政策等建议重视不够、落实不力，导致问题长期得不到解决；

（四）其他不履行或者不正确履行信访事项处理职责的情形。

第四十六条 有关机关、单位及其领导干部、工作人员有下列情形之一的，由其上级机关、单位责令改正；造成严重后果的，对直接负责的主管人员和其他直接责任人员依规依纪依法严肃处理；构成犯罪的，依法追究刑事责任：

（一）对待信访人态度恶劣、作风粗暴，损害党群干群关系；

（二）在处理信访事项过程中吃拿卡要、谋取私利；

（三）对规模性集体访、负面舆情等处置不力，导致事态扩大；

（四）对可能造成社会影响的重大、紧急信访事项和信访信息隐瞒、谎报、缓报，或者未依法及时采取必要措施；

（五）将信访人的检举、揭发材料或者有关情况透露、转给被检举、揭发的人员或者单位；

（六）打击报复信访人；

（七）其他违规违纪违法的情形。

第四十七条 信访人违反本条例第二十条、第二十六条规定的，有关机关、单位工作人员应当对其进行劝阻、批评或者教育。

信访人滋事扰序、缠访闹访情节严重，构成违反治安管理行为的，或者违反集会游行示威相关法律法规的，由公安机关依法采取必要的现场处置措施、给予治安管理处罚；构成犯罪的，依法追究刑事责任。

信访人捏造歪曲事实、诬告陷害他人，构成违反治安管理行为的，依法给予治安管理处罚；构成犯罪的，依法追究刑事责任。

第六章　附　　则

第四十八条 对外国人、无国籍人、外国组织信访事项的处理，参照本条例执行。

第四十九条 本条例由国家信访局负责解释。

第五十条 本条例自2022年5月1日起施行。

《信访条例》《信访工作条例》条文对照表

（原规定被删除的，加删除线；
条文中黑体字为新增加或修改后的内容）

《信访条例》 （共 7 章 51 条） 发布机关：国务院	《信访工作条例》 （共 6 章 50 条） 发布机关：中共中央、国务院
第一条　为了保持~~各级人民~~政府同人民群众的密切联系~~，保护信访人的合法权益，维护信访秩序~~，制定本条例。	**第一条　为了坚持和加强党对信访工作的全面领导，做好新时代信访工作，保持党和**政府同人民群众的密切联系，制定本条例。
第四十九条　~~社会团体、企业事业单位的信访工作参照本条例执行。~~	**第二条　本条例适用于各级党的机关、人大机关、行政机关、政协机关、监察机关、审判机关、检察机关以及群团组织、国有企事业单位等开展**信访工作。
	第三条　信访工作是党的群众工作的重要组成部分，是党和政府了解民情、集中民智、维护民

	利、凝聚民心的一项重要工作，是各级机关、单位及其领导干部、工作人员接受群众监督、改进工作作风的重要途径。
	第四条　信访工作坚持以马克思列宁主义、毛泽东思想、邓小平理论、“三个代表”重要思想、科学发展观、习近平新时代中国特色社会主义思想为指导，贯彻落实习近平总书记关于加强和改进人民信访工作的重要思想，增强“四个意识”、坚定“四个自信”、做到“两个维护”，牢记为民解难、为党分忧的政治责任，坚守人民情怀，坚持底线思维、法治思维，服务党和国家工作大局，维护群众合法权益，化解信访突出问题，促进社会和谐稳定。
第四条　信访工作应当~~在各级人民政府领导下，坚持属地管理、分级负责，谁主管、谁负责，依法、及时、就地解决问题与疏导教育相结合~~的原则。	第五条　信访工作应当遵循下列原则： （一）坚持党的全面领导。把党的领导贯彻到信访工作各方面和全过程，确保正确政治方向。 （二）坚持以人民为中心。践行党的群众路线，倾听群众呼声，关心群众疾苦，千方百计为群众排忧解难。 （三）坚持落实信访工作责任。党政同责、一岗双责，属地管理、分级负责，谁主管、谁负责。

	（四）坚持依法按政策解决问题。将信访纳入法治化轨道，依法维护群众权益、规范信访秩序。 **（五）坚持源头治理化解矛盾。多措并举、综合施策，着力点放在源头预防和前端化解，把可能引发信访问题的矛盾纠纷化解在基层、化解在萌芽状态。**
第三条 各级~~人民政府、县级以上人民政府工作部门应当做好信访工作，认真处理来信、接待来访，~~倾听人民群众的意见、建议和要求，接受人民群众的监督，努力为人民群众服务。 ~~各级人民政府、县级以上人民政府工作部门应当~~畅通信访渠道，~~为信访人采用本条例规定的形式反映情况，提出建议、意见或者投诉请求提供便利条件。~~ ~~任何组织和个人不得打击报复信访人。~~	**第六条** 各级**机关、单位应**当畅通信访渠道，**做好信访工作，认真处理信访事项，**倾听人民群众建议、意见和要求，接受人民群众监督，为人民群众服务。
第五条 ~~各级人民政府、县级以上人民政府工作部门应当科学、民主决策，依法履行职责，从源头上预防导致信访事项的矛盾和纠纷。~~ ~~县级以上人民政府应当建立统一领导、部门协调，统筹兼顾、标本兼治，各负其责、~~齐抓共管的信访工作格局，~~通过联席会议、~~	**第七条 坚持和加强党对信访工作的全面领导，构建党委统一领导、政府组织落实、信访工作联席会议协调、信访部门推动、各方**齐抓共管的信访工作格局。

建立排查调处机制、建立信访督查工作制度等方式，及时化解矛盾和纠纷。 各级人民政府、县级以上人民政府各工作部门的负责人应当阅批重要来信、接待重要来访、听取信访工作汇报，研究解决信访工作中的突出问题。	
	第八条　党中央加强对信访工作的统一领导： （一）强化政治引领，确立信访工作的政治方向和政治原则，严明政治纪律和政治规矩； （二）制定信访工作方针政策，研究部署信访工作中事关党和国家工作大局、社会和谐稳定、群众权益保障的重大改革措施； （三）领导建设一支对党忠诚可靠、恪守为民之责、善做群众工作的高素质专业化信访工作队伍，为信访工作提供组织保证。
	第九条　地方党委领导本地区信访工作，贯彻落实党中央关于信访工作的方针政策和决策部署，执行上级党组织关于信访工作的部署要求，统筹信访工作责任体系构建，支持和督促下级党组织做好信访工作。 地方党委常委会应当定期听取信访工作汇报，分析形势，部署

	任务，研究重大事项，解决突出问题。
	第十条　各级政府贯彻落实上级党委和政府以及本级党委关于信访工作的部署要求，科学民主决策、依法履行职责，组织各方力量加强矛盾纠纷排查化解，及时妥善处理信访事项，研究解决政策性、群体性信访突出问题和疑难复杂信访问题。
	第十一条　中央信访工作联席会议在党中央、国务院领导下，负责全国信访工作的统筹协调、整体推进、督促落实，履行下列职责： （一）研究分析全国信访形势，为中央决策提供参考； （二）督促落实党中央关于信访工作的方针政策和决策部署； （三）研究信访制度改革和信访法治化建设重大问题和事项； （四）研究部署重点工作任务，协调指导解决具有普遍性的信访突出问题； （五）领导组织信访工作责任制落实、督导考核等工作； （六）指导地方各级信访工作联席会议工作； （七）承担党中央、国务院交办的其他事项。

	中央信访工作联席会议由党中央、国务院领导同志以及有关部门负责同志担任召集人，各成员单位负责同志参加。中央信访工作联席会议办公室设在国家信访局，承担联席会议的日常工作，督促检查联席会议议定事项的落实。
	第十二条　中央信访工作联席会议根据工作需要召开全体会议或者工作会议。研究涉及信访工作改革发展的重大问题和重要信访事项的处理意见，应当及时向党中央、国务院请示报告。 中央信访工作联席会议各成员单位应当落实联席会议确定的工作任务和议定事项，及时报送落实情况；及时将本领域重大敏感信访问题提请联席会议研究。
	第十三条　地方各级信访工作联席会议在本级党委和政府领导下，负责本地区信访工作的统筹协调、整体推进、督促落实，协调处理发生在本地区的重要信访问题，指导下级信访工作联席会议工作。联席会议召集人一般由党委和政府负责同志担任。 地方党委和政府应当根据信访工作形势任务，及时调整成员单位，健全规章制度，建立健全信

	访信息分析研判、重大信访问题协调处理、联合督查等工作机制，提升联席会议工作的科学化、制度化、规范化水平。 根据工作需要，乡镇党委和政府、街道党工委和办事处可以建立信访工作联席会议机制，或者明确党政联席会定期研究本地区信访工作，协调处理发生在本地区的重要信访问题。
第六条　~~县级以上人民政府应当设立信访工作机构；县级以上人民政府工作部门及乡、镇人民政府应当按照有利工作、方便信访人的原则，确定负责信访工作的机构（以下简称信访工作机构）或者人员，具体负责信访工作。~~ ~~县级以上人民政府~~信访工作机构~~是本级人民政府负责信访工作的行政机构，~~履行下列职责： （一）受理、交办、转送~~信访人提出的~~信访事项； ~~（二）承办上级和本级人民政府交由处理的信访事项；~~ （三）协调处理重要信访事项； （四）督促检查信访事项的处理； （五）~~研究、分析信访情况，开展调查研究，及时向本级人民政~~	第十四条　各级党委和政府信访部门是开展信访工作的专门机构，履行下列职责： （一）受理、转送、交办信访事项； （二）协调解决重要信访问题； （三）督促检查重要信访事项的处理和落实； （四）综合反映信访信息，分析研判信访形势，为党委和政府提供决策参考； （五）指导本级其他机关、单位和下级的信访工作； （六）提出改进工作、完善政策和追究责任的建议； （七）承担本级党委和政府交办的其他事项。 各级党委和政府信访部门以外的其他机关、单位应当根据信访工作形势任务，明确负责信访工

府提出完善政策和改进工作的建议； （六）对本级人民政府其他工作部门和下级人民政府信访工作机构的信访工作进行指导。	作的机构或者人员，参照党委和政府信访部门职责，明确相应的职责。
	第十五条　各级党委和政府以外的其他机关、单位应当做好各自职责范围内的信访工作，按照规定及时受理办理信访事项，预防和化解政策性、群体性信访问题，加强对下级机关、单位信访工作的指导。 各级机关、单位应当拓宽社会力量参与信访工作的制度化渠道，发挥群团组织、社会组织和“两代表一委员”、社会工作者等作用，反映群众意见和要求，引导群众依法理性反映诉求、维护权益，推动矛盾纠纷及时有效化解。 乡镇党委和政府、街道党工委和办事处以及村（社区）“两委”应当全面发挥职能作用，坚持和发展新时代“枫桥经验”，积极协调处理化解发生在当地的信访事项和矛盾纠纷，努力做到小事不出村、大事不出镇、矛盾不上交。
	第十六条　各级党委和政府应当加强信访部门建设，选优配强

	领导班子，配备与形势任务相适应的工作力量，建立健全信访督查专员制度，打造高素质专业化信访干部队伍。各级党委和政府信访部门主要负责同志应当由本级党委或者政府副秘书长〔办公厅（室）副主任〕兼任。 **各级党校（行政学院）应当将信访工作作为党性教育内容纳入教学培训，加强干部教育培训。** **各级机关、单位应当建立健全年轻干部和新录用干部到信访工作岗位锻炼制度。** **各级党委和政府应当为信访工作提供必要的支持和保障，所需经费列入本级预算。**
第二条　~~本条例所称信访，是指~~公民、法人或者其他组织采用书信、电子邮件、传真、电话、走访等形式，向~~各级人民政府、县级以上人民政府工作部门~~反映情况，提出建议、意见或者投诉请求，~~依法由有关行政机关处理的活动。~~ 采用前款规定的形式，反映情况，提出建议、意见或者投诉请求的公民、法人或者其他组织，称信访人。	**第十七条**　公民、法人或者其他组织**可以**采用**信息网络**、书信、电话、传真、走访等形式，**向各级机关、单位**反映情况，提出建议、意见或者投诉请求，**有关机关、单位应当依规依法处理**。 采用前款规定的形式，反映情况，提出建议、意见或者投诉请求的公民、法人或者其他组织，称信访人。
第九条　~~各级人民政府、县级以上人民政府工作部门~~应当向社	**第十八条　各级机关、单位**应当向社会公布**网络信访渠道**、通

会公布~~信访工作机构的~~通信地址、~~电子信箱、~~投诉电话、信访接待的时间和地点、查询信访事项处理进展及结果的方式等相关事项。 ~~各级人民政府、县级以上人民政府工作部门应当~~在其信访接待场所或者网站公布与信访工作有关的法律、法规、规章，信访事项的处理程序，以及其他为信访人提供便利的相关事项。 **第三条** ~~各级人民政府、县级以上人民政府工作部门应当做好信访工作，认真处理来信、接待来访，倾听人民群众的意见、建议和要求，接受人民群众的监督，努力为人民群众服务。~~ ~~各级人民政府、县级以上人民政府工作部门应当畅通信访渠道，为信访人采用本条例规定的形式反映情况，提出建议、意见或者投诉请求提供便利条件。~~ 任何组织和个人不得打击报复信访人。	信地址、**咨询**投诉电话、信访接待的时间和地点、查询信访事项处理进展以及结果的方式等相关事项，在其信访接待场所或者网站公布与信访工作有关的**党内法规和**法律、法规、规章，信访事项的处理程序，以及其他为信访人提供便利的相关事项。 **各级机关、单位领导干部应当阅办群众来信和网上信访、定期接待群众来访、定期下访，包案化解群众反映强烈的突出问题。** **市、县级党委和政府应当建立和完善联合接访工作机制，根据工作需要组织有关机关、单位联合接待，一站式解决信访问题。** 任何组织和个人不得打击报复信访人。
第十六条 信访人~~采用走访形式提出信访事项，应当向依法有权处理的本级或者上一级机关提出；~~信访事项已经受理或者正在办理的，信访人在规定期限内向受理、办理机关的上级机关再提出同一信访事项的，该上级机关不予受理。	**第十九条** 信访人一般应当采用书面形式提出信访事项，**并**载明其姓名（名称）、住址和请求、事实、理由。**对采用口头形式提出的信访事项，有关机关、单位应当如实记录。** 信访人提出信访事项，应当客观真实，对其所提供材料内容的

第十七条 信访人提出信访事项，一般应当采用书信、电子邮件、传真等书面形式；信访人提出投诉请求的，还应当载明信访人的姓名（名称）、住址和请求、事实、理由。 有关机关对采用口头形式提出的投诉请求，应当记录信访人的姓名（名称）、住址和请求、事实、理由。 **第十九条** 信访人提出信访事项，应当客观真实，对其所提供材料内容的真实性负责，不得捏造、歪曲事实，不得诬告、陷害他人。	真实性负责，不得捏造、歪曲事实，不得诬告、陷害他人。 信访事项已经受理或者正在办理的，信访人在规定期限内向受理、办理机关、**单位**的上级机关、**单位又**提出同一信访事项的，上级机关、**单位**不予受理。
第十四条 信访人对下列组织、人员的职务行为反映情况，提出建议、意见，或者不服下列组织、人员的职务行为，可以向有关行政机关提出信访事项： （一）行政机关及其工作人员； （二）法律、法规授权的具有管理公共事务职能的组织及其工作人员； （三）提供公共服务的企业、事业单位及其工作人员； （四）社会团体或者其他企业、事业单位中由国家行政机关任命、派出的人员； （五）村民委员会、居民委员会及其成员。	**第二十条** 信访人采用走访形式提出信访事项的，应当到**有权处理的本级或者上一级机关、单位**设立或者指定的接待场所提出。 **信访人采用走访形式提出涉及诉讼权利救济的信访事项，应当按照法律法规规定的程序向有关政法部门提出。** 多人采用走访形式提出共同的信访事项的，应当推选代表，代表人数不得超过5人。 **各级机关、单位应当落实属地责任，认真接待处理群众来访，把问题解决在当地，引导信访人就地反映问题。**

~~对依法应当通过诉讼、仲裁、行政复议等法定途径解决的投诉请求，信访人应当依照有关法律、行政法规规定的程序向有关机关提出。~~ **第十八条**　信访人采用走访形式提出信访事项的，应当到有关机关设立或者指定的接待场所提出。 多人采用走访形式提出共同的信访事项的，应当推选代表，代表人数不得超过5人。	
第十一条　~~国家信访工作机构充分利用现有政务信息网络资源，建立全国~~信访信息系统，为信访人~~在当地提出信访事项、~~查询信访事项办理情况~~提供便利~~。 县级以上地方人民政府应当充分利用现有政务信息网络资源，建立或者确定本行政区域的信访信息系统，并与上级人民政府、政府有关部门、下级人民政府的信访信息系统实现互联互通。	**第二十一条　各级党委和政府应当加强信访工作信息化、智能化建设，依规依法有序推进信访信息系统互联互通、信息共享。** **各级机关、单位应当及时将信访事项录入信访信息系统，使网上信访、来信、来访、来电在网上流转，方便**信访人查询、评价信访事项办理情况。
第二十一条　~~县级以上人民政府信访工作机构~~收到信访事项，应当予以登记，并区分情况，在15日内分别按下列方式处理： ~~（一）对本条例第十五条规定的信访事项，应当告知信访人分别向有关的人民代表大会及其常务委员会、人民法院、人民检察院提出。~~对已经或者依法应当通过	**第二十二条　各级党委和政府信访部门**收到信访事项，应当予以登记，并区分情况，在15日内分别按照下列方式处理： （一）对依照职责属于本级**机关、单位**或者其工作部门处理决定的，应当转送有权处理的**机关、单位**；情况重大、紧急的，应当及

~~诉讼、仲裁、行政复议等法定途径解决的，不予受理，但应当告知信访人依照有关法律、行政法规规定程序向有关机关提出。~~ （二）对依照法定职责属于本级人民政府或者其工作部门处理决定的信访事项，应当转送有权处理的行政机关；情况重大、紧急的，应当及时提出建议，报请本级人民政府决定。 ~~（三）信访事项~~涉及下级行政机关或者其工作人员的，按照“属地管理、分级负责，谁主管、谁负责”的原则，直接转送有权处理的行政机关~~，并抄送下一级人民政府信访工作机构~~。 ~~县级以上人民政府信访工作机构要定期向下一级人民政府信访工作机构通报转送情况，下级人民政府信访工作机构要定期向上一级人民政府信访工作机构报告转送信访事项的办理情况。~~ （四）对转送信访事项中的重要情况需要反馈办理结果的，可以直接交由有权处理的行政机关办理，要求其在指定办理期限内反馈结果，提交办结报告。 ~~按照前款第（二）项至第（四）项规定，有关行政机关应当自收到转送、交办的信访事项之日起15日内决定是否受理并书面~~	时提出建议，报请本级**党委和**政府决定。 （二）涉及下级机关、**单位**或者其工作人员的，按照“属地管理、分级负责，谁主管、谁负责”的原则，转送有权处理的机关、**单位**。 （三）对转送信访事项中的重要情况需要反馈办理结果的，可以交由有权处理的机关、**单位**办理，要求其在指定办理期限内反馈结果，提交办结报告。 **各级党委和政府信访部门对收到的涉法涉诉信件，应当转送同级政法部门依法处理；对走访反映涉诉问题的信访人，应当释法明理，引导其向有关政法部门反映问题。对属于纪检监察机关受理的检举控告类信访事项，应当按照管理权限转送有关纪检监察机关依规依纪依法处理。**

告知信访人，并按要求通报信访工作机构。	
第二十二条 信访人按照本条例规定直接向各级人民政府信访工作机构以外的行政机关提出的信访事项，有关行政机关应当予以登记；对符合本条例第十四条第一款规定并属于本机关法定职权范围的信访事项，应当受理，不得推诿、敷衍、拖延；对不属于本机关职权范围的信访事项，应当告知信访人向有权的机关提出。 有关行政机关收到信访事项后，能够当场答复是否受理的，应当当场书面答复；不能当场答复的，应当自收到信访事项之日起 15 日内书面告知信访人。但是，信访人的姓名（名称）、住址不清的除外。 有关行政机关应当相互通报信访事项的受理情况。	**第二十三条** **党委和政府**信访**部门**以外的**其他机关、单位收到信访人直接**提出的信访事项，应当予以登记；对属于本机关、**单位**职权范围的，应当**告知信访人接收情况以及处理途径和程序；对属于本系统下级机关、单位职权范围的，应当转送、交办有权处理的机关、单位，并告知信访人转送、交办去向**；对不属于本机关、**单位或者本系统**职权范围的，应当告知信访人向有权**处理**的机关、**单位**提出。 **对信访人直接提出的信访事项**，有关机关、**单位**能够当场**告知的**，应当当场书面**告知**；不能当场**告知**的，应当自收到信访事项之日起 15 日内书面告知信访人，但信访人的姓名（名称）、住址不清的除外。 **对党委和政府信访部门或者本系统上级机关、单位转送、交办的信访事项，属于本机关、单位职权范围的，有关机关、单位应当自收到之日起 15 日内书面告知信访人接收情况以及处理途径和程序；不属于本机关、单位或者本系统职权范围的，有关机关、单位应当自收到之日起 5 个工作日**

	内提出异议，并详细说明理由，经转送、交办的信访部门或者上级机关、单位核实同意后，交还相关材料。 **政法部门处理涉及诉讼权利救济事项、纪检监察机关处理检举控告事项的告知按照有关规定执行。**
第二十四条 涉及两个或者两个以上~~行政~~机关的信访事项，由所涉及的~~行政~~机关协商受理；受理有争议的，由其共同的上一级~~行政~~机关决定受理机关。 **第二十五条** 应当对信访事项作出处理的~~行政~~机关分立、合并、撤销的，由继续行使其职权的行政机关受理；职责不清的，由本级~~人民~~政府或者其指定的机关受理。	**第二十四条** 涉及两个或者两个以上机关、**单位**的信访事项，由所涉及的机关、**单位**协商受理；受理有争议的，由其共同的上一级机关、**单位**决定受理机关；**受理有争议且没有共同的上一级机关、单位的，由共同的信访工作联席会议协调处理。** 应当对信访事项作出处理的机关、**单位**分立、合并、撤销的，由继续行使其职权的机关、单位受理；职责不清的，由本级**党委**和政府或者其指定的机关、**单位**受理。
第二十六条 ~~公民、法人或者其他组织发现~~可能造成社会影响的重大、紧急信访事项和信访信息时~~，可以就近向有关行政机关报告。地方各级人民政府接到~~报告后~~，应当立即报告上一级人民政府；必要时~~，通报有关主管部门~~。县级以上地方人民政府有关部门接到报告后，应当立即报告~~	**第二十五条 各级机关、单位对**可能造成社会影响的重大、紧急信访事项和信访信息，**应当及时报告本级党委和政府**，通报相关主管部门**和本级信访工作联席会议办公室，在职责范围内依法及时采取措施**，防止不良影响的产生、扩大。 **地方各级党委和政府信访部门**

本级人民政府和上一级主管部门；必要时，通报有关主管部门。国务院有关部门接到报告后，应当立即报告国务院；必要时，通报有关主管部门。 行政机关对重大、紧急信访事项和信访信息不得隐瞒、谎报、缓报，或者授意他人隐瞒、谎报、缓报。 **第二十七条** 对于可能造成社会影响的重大、紧急信访事项和信访信息，有关行政机关应当在职责范围内依法及时采取措施，防止不良影响的产生、扩大。	**接到**重大、紧急信访事项和信访信息，**应当向上一级信访部门报告，同时报告国家信访局。**
第二十条 信访人在信访过程中应当遵守法律、法规，不得损害国家、社会、集体的利益和其他公民的合法权利，自觉维护社会公共秩序和信访秩序，不得有下列行为： （一）在国家机关办公场所周围、公共场所非法聚集，围堵、冲击国家机关，拦截公务车辆，或者堵塞、阻断交通的； （二）携带危险物品、管制器具的； （三）侮辱、殴打、威胁国家机关工作人员，或者非法限制他人人身自由的； （四）在信访接待场所滞留、滋事，或者将生活不能自理的人弃	**第二十六条** 信访人在信访过程中应当遵守法律、法规，不得损害国家、社会、集体的利益和其他公民的合法权利，自觉维护社会公共秩序和信访秩序，不得有下列行为： （一）在**机关、单位**办公场所周围、公共场所非法聚集，围堵、冲击机关、单位，拦截公务车辆，或者堵塞、阻断交通； （二）携带危险物品、管制器具； （三）侮辱、殴打、威胁机关、**单位**工作人员，非法限制他人人身自由，**或者毁坏财物**； （四）在信访接待场所滞留、滋事，或者将生活不能自理的人弃

留在信访接待场所的； （五）煽动、串联、胁迫、以财物诱使、幕后操纵他人信访或者以信访为名借机敛财的； （六）扰乱公共秩序、妨害国家和公共安全的其他行为。	留在信访接待场所； （五）煽动、串联、胁迫、以财物诱使、幕后操纵他人信访，或者以信访为名借机敛财； （六）**其他**扰乱公共秩序、妨害国家和公共安全的行为。
	第二十七条　各级机关、单位及其工作人员应当根据各自职责和有关规定，按照诉求合理的解决问题到位、诉求无理的思想教育到位、生活困难的帮扶救助到位、行为违法的依法处理的要求，依法按政策及时就地解决群众合法合理诉求，维护正常信访秩序。
第十五条　~~信访人对各级人民代表大会以及县级以上各级人民代表大会常务委员会、人民法院、人民检察院职权范围内的信访事项，应当分别向有关的人民代表大会及其常务委员会、人民法院、人民检察院提出，并遵守本条例第十六条、第十七条、第十八条、第十九条、第二十条的规定。~~ **第二十八条**　~~行政机关~~及其工作人员办理信访事项，应当恪尽职守、秉公办事，查明事实、分清责任，~~宣传法制、~~教育疏导，及时妥善处理，不得推诿、敷衍、拖延。	**第二十八条　各级机关、单位**及其工作人员办理信访事项，应当恪尽职守、秉公办事，查明事实、分清责任，**加强**教育疏导，及时妥善处理，不得推诿、敷衍、拖延。 **各级机关、单位应当按照诉讼与信访分离制度要求，将涉及民事、行政、刑事等诉讼权利救济的信访事项从普通信访体制中分离出来，由有关政法部门依法处理。** **各级机关、单位**工作人员与信访事项或者信访人有直接利害关系的，应当回避。

第三十条 ~~行政机关~~工作人员与信访事项或者信访人有直接利害关系的，应当回避。	
第八条 信访人反映的情况，提出的建议、意见，对国民经济和社会发展或者对改进国家机关工作以及保护社会公共利益有贡献的，~~由有关行政机关或者单位给予奖励~~。 ~~对在信访工作中做出优异成绩的单位或者个人，由有关行政机关给予奖励~~。 **第二十九条** 信访人反映的情况，提出的建议、意见，~~有利于行政机关改进工作、促进国民经济和社会发展的，有关行政机~~关应当认真研究论证~~并积极~~采纳。	**第二十九条** 对信访人反映的情况、提出的建议意见**类事项，有权处理的机关、单位**应当认真研究论证。**对科学合理、具有现实可行性的，应当采纳或者部分**采纳**，并予以回复**。 信访人反映的情况、提出的建议意见，对国民经济和社会发展或者对改进工作以及保护社会公共利益有贡献的，**应当按照有关规定**给予奖励。 **各级党委和政府应当健全人民建议征集制度，对涉及国计民生的重要工作，主动听取群众的建议意见。**
第二十三条 ~~行政机关及其工作人员~~不得将信访人的检举、揭发材料及有关情况透露或者转给被检举、揭发的人员或者单位。	**第三十条** 对信访人提出的检**举控告类事项，纪检监察机关或者有权处理的机关、单位应当依规依纪依法接收、受理、办理和反馈。** **党委和政府信访部门应当按照干部管理权限向组织（人事）部门通报反映干部问题的信访情况，重大情况向党委主要负责同志和分管组织（人事）工作的负责同志报送。组织（人事）部门应当按照干部选拔任用监督的有关规定进行办理。**

	不得将信访人的检举、揭发材料以及有关情况透露或者转给被检举、揭发的人员或者单位。
第二十一条　县级以上人民政府信访工作机构收到信访事项，应当予以登记，并区分情况，在15日内分别按下列方式处理： （一）对本条例第十五条规定的信访事项，应当告知信访人分别向有关的人民代表大会及其常务委员会、人民法院、人民检察院提出。对已经或者依法应当通过诉讼、仲裁、行政复议等法定途径解决的，不予受理，但应当告知信访人依照有关法律、行政法规规定程序向有关机关提出。 （二）对依照法定职责属于本级人民政府或者其工作部门处理决定的信访事项，应当转送有权处理的行政机关；情况重大、紧急的，应当及时提出建议，报请本级人民政府决定。 （三）信访事项涉及下级行政机关或者其工作人员的，按照“属地管理、分级负责，谁主管、谁负责”的原则，直接转送有权处理的行政机关，并抄送下一级人民政府信访工作机构。 县级以上人民政府信访工作机构要定期向下一级人民政府信访工作机构通报转送情况，下级人	**第三十一条　对信访人提出的申诉求决类事项，有权处理的机关、单位应当区分情况，分别**按照下列方式办理： **（一）应当通过审判机关诉讼程序或者复议程序、检察机关刑事立案程序或者法律监督程序、公安机关法律程序处理的，涉法涉诉信访事项未依法终结的，按照法律法规规定的程序处理。** **（二）应当通过仲裁解决的，导入相应程序处理。** **（三）可以通过党员申诉、申请复审等解决的，导入相应程序处理。** **（四）可以通过行政复议、行政裁决、行政确认、行政许可、行政处罚等行政程序解决的，导入相应程序处理。** **（五）属于申请查处违法行为、履行保护人身权或者财产权等合法权益职责的，依法履行或者答复。** **（六）不属于以上情形的，**应当听取信访人陈述事实和理由，并调查核实，**出具信访处理意见书**。对重大、复杂、疑难的信访事项，可以举行听证。

民政府信访工作机构要定期向上一级人民政府信访工作机构报告转送信访事项的办理情况。 （四）对转送信访事项中的重要情况需要反馈办理结果的，可以直接交由有权处理的行政机关办理，要求其在指定办理期限内反馈结果，提交办结报告。 按照前款第（二）项至第（四）项规定，有关行政机关应当自收到转送、交办的信访事项之日起15日内决定是否受理并书面告知信访人，并按要求通报信访工作机构。 **第三十一条** 对信访事项有权处理的行政机关办理信访事项，应当听取信访人陈述事实和理由；必要时可以要求信访人、有关组织和人员说明情况；需要进一步核实有关情况的，可以向其他组织和人员调查。 对重大、复杂、疑难的信访事项，可以举行听证。听证应当公开举行，通过质询、辩论、评议、合议等方式，查明事实，分清责任。听证范围、主持人、参加人、程序等由省、自治区、直辖市人民政府规定。	
第三十二条 对信访事项有权处理的行政机关经调查核实，应当依照有关法律、法规、规章及	**第三十二条　信访处理意见书应当载明信访人投诉请求、事实和理由、处理意见及其法律法规**

~~其他有关规定，分别作出以下处理，并书面答复信访人：~~ （一）请求事实清楚，符合法律、法规、规章或者其他有关规定的，予以支持； （二）请求事由合理但缺乏法律依据的，应当~~对信访人做好解释工作；~~ （三）请求缺乏事实根据或者不符合法律、法规、规章或者其他有关规定的，不予支持。有权处理的行政机关~~依照前款第（一）项规定~~作出支持信访请求意见的，应当督促有关机关或者单位执行。	**依据：** （一）请求事实清楚，符合法律、法规、规章或者其他有关规定的，予以支持； （二）请求事由合理但缺乏法律依据的，应当**作出解释说明**； （三）请求缺乏事实根据或者不符合法律、法规、规章或者其他有关规定的，不予支持。 有权处理的**机关、单位**作出支持信访请求意见的，应当督促有关机关**、**单位执行；**不予支持的，应当做好信访人的疏导教育工作。**
	第三十三条　各级机关、单位在处理申诉求决类事项过程中，可以在不违反政策法规强制性规定的情况下，在裁量权范围内，经争议双方当事人同意进行调解；可以引导争议双方当事人自愿和解。经调解、和解达成一致意见的，应当制作调解协议书或者和解协议书。
第三十三条　信访事项应当自受理之日起60日内办结；情况复杂的，经本行政机关负责人批准，可以适当延长办理期限，但延长期限不得超过30日，并告知信访人延期理由。~~法律、行政法规另有规定的，从其规定。~~	**第三十四条　对本条例第三十一条第六项规定的**信访事项应当自受理之日起60日内办结；情况复杂的，经本机关、**单位**负责人批准，可以适当延长办理期限，但延长期限不得超过30日，并告知信访人延期理由。

第三十四条 信访人对行政机关作出的信访事项处理意见不服的，可以自收到书面答复之日起30日内请求原办理行政机关的上一级行政机关复查。收到复查请求的行政机关应当自收到复查请求之日起30日内提出复查意见，并予以书面答复。	**第三十五条** 信访人对信访处理意见不服的，可以自收到书面答复之日起30日内请求原办理机关、**单位**的上一级机关、**单位**复查。收到复查请求的机关、**单位**应当自收到复查请求之日起30日内提出复查意见，并予以书面答复。
第三十五条 信访人对复查意见不服的，可以自收到书面答复之日起30日内向复查机关的上一级行政机关请求复核。收到复核请求的行政机关应当自收到复核请求之日起30日内提出复核意见。 复核机关可以按照本条例第三十一条第二款的规定举行听证，经过听证的复核意见可以依法向社会公示。听证所需时间不计算在前款规定的期限内。 信访人对复核意见不服，仍然以同一事实和理由提出投诉请求的，各级人民政府信访工作机构和其他行政机关不再受理。	**第三十六条** 信访人对复查意见不服的，可以自收到书面答复之日起30日内向复查机关、**单位**的上一级机关、**单位**请求复核。收到复核请求的机关、单位应当自收到复核请求之日起30日内提出复核意见。 复核机关、**单位**可以按照本条例**第三十一条第六项**的规定举行听证，经过听证的复核意见可以依法向社会公示。听证所需时间不计算在前款规定的期限内。 信访人对复核意见不服，仍然以同一事实和理由提出投诉请求的，各级**党委和**政府信访**部门**和其他机关、**单位**不再受理。
第十三条 设区的市、县两级人民政府可以根据信访工作的实际需要，建立政府主导、社会参与、有利于迅速解决纠纷的工作机制。 信访工作机构应当组织相关社	**第三十七条 各级机关、单位应当坚持社会矛盾纠纷多元预防调处化解，人民调解、行政调解、司法调解联动，综合运用法律、政策、经济、行政等手段和教育、协商、疏导等办法，多措并**

会团体、法律援助机构、相关专业人员、社会志愿者等共同参与，运用咨询、教育、协商、调解、听证等方法，依法、及时、合理处理信访人的投诉请求。	举化解矛盾纠纷。 各级机关、单位在办理信访事项时，对生活确有困难的信访人，可以告知或者帮助其向有关机关或者机构依法申请社会救助。符合国家司法救助条件的，有关政法部门应当按照规定给予司法救助。 地方党委和政府以及基层党组织和基层单位对信访事项已经复查复核和涉法涉诉信访事项已经依法终结的相关信访人，应当做好疏导教育、矛盾化解、帮扶救助等工作。
	第三十八条　各级党委和政府应当对开展信访工作、落实信访工作责任的情况组织专项督查。 信访工作联席会议及其办公室、党委和政府信访部门应当根据工作需要开展督查，就发现的问题向有关地方和部门进行反馈，重要问题向本级党委和政府报告。 各级党委和政府督查部门应当将疑难复杂信访问题列入督查范围。
第七条　各级人民政府应当建立健全信访工作责任制，对信访工作中的失职、渎职行为，严格依照有关法律、行政法规和本条例的规定，追究有关责任人员的责任，并在一定范围内予以通报。 各级人民政府应当将信访工作	第三十九条　各级党委和政府应当以依规依法及时就地解决信访问题为导向，每年对信访工作情况进行考核。考核结果应当在适当范围内通报，并作为对领导班子和有关领导干部综合考核评价的重要参考。

绩效纳入公务员考核体系。 **第八条** 信访人反映的情况，提出的建议、意见，对国民经济和社会发展或者对改进国家机关工作以及保护社会公共利益有贡献的，由有关行政机关或者单位给予奖励。 对在信访工作中做出优异成绩的单位或者个人，由有关行政机关给予奖励。	对在信访工作中作出**突出**成绩**和贡献的机关**、单位或者个人，**可以按照有关规定**给予**表彰和**奖励。 **对在信访工作中履职不力、存在严重问题的领导班子和领导干部，视情节轻重，由信访工作联席会议进行约谈、通报、挂牌督办，责令限期整改。**
第三十六条 县级以上人民政府信访工作机构发现有关行政机关有下列情形之一的，应当及时督办，并提出改进建议： （一）无正当理由未按规定的办理期限办结信访事项的； （二）未按规定反馈信访事项办理结果的； （三）未按规定程序办理信访事项的； （四）办理信访事项推诿、敷衍、拖延的； （五）不执行信访处理意见的； （六）其他需要督办的情形。 收到改进建议的行政机关应当在30日内书面反馈情况；未采纳改进建议的，应当说明理由。 **第三十七条** 县级以上人民政府信访工作机构对于信访人反映的有关政策性问题，应当及时向本级人民政府报告，并提出完善	**第四十条** **党委和政府信访部门发现有关机关、单位存在违反信访工作规定受理、办理信访事项，办理信访事项**推诿、敷衍、拖延、弄虚作假**或者拒不执行信访处理意见等情形的，**应当及时督办，并提出改进**工作的**建议。 对**工作中发现**的有关政策性问题，应当及时向本级**党委和**政府报告，并提出完善政策的建议。 **对在信访工作中**推诿、敷衍、拖延、弄虚作假造成严重后果**的机关、单位及其**工作人员**，应当向有管理权限的机关、单位提出追究责任**的建议。 **对信访部门提出的改进工作、完善政策、追究责任的建议，有关机关、单位应当**书面反馈**采纳**情况。

政策、解决问题的建议。 第三十八条　县级以上人民政府信访工作机构对在信访工作中推诿、敷衍、拖延、弄虚作假造成严重后果的行政机关工作人员，可以向有关行政机关提出给予行政处分的建议。	
第三十九条　县级以上人民政府信访工作机构应当就以下事项向本级人民政府定期提交信访情况分析报告： （一）受理信访事项的数据统计、信访事项涉及领域以及被投诉较多的机关； （二）转送、督办情况以及各部门采纳改进建议的情况； （三）提出的政策性建议及其被采纳情况。	**第四十一条　党委和政府信访部门应当编制信访情况年度报告，每年向本级党委和政府、上一级党委和政府信访部门报告。年度报告应当包括下列内容：** **（一）信访事项的数据统计、信访事项涉及领域以及被投诉较多的机关、单位；** **（二）党委和政府信访部门转送、交办、督办情况；** **（三）党委和政府信访部门提出改进工作、完善政策、追究责任建议以及被采纳情况；** **（四）其他应当报告的事项。** **根据巡视巡察工作需要，党委和政府信访部门应当向巡视巡察机构提供被巡视巡察地区、单位领导班子及其成员和下一级主要负责人有关信访举报，落实信访工作责任制，具有苗头性、倾向性的重要信访问题，需要巡视巡察工作关注的重要信访事项等情况。**

第四十条 因下列情形之一导致信访事项发生，造成严重后果的，对直接负责的主管人员和其他直接责任人员，~~依照有关法律、行政法规的规定给予行政处分；~~构成犯罪的，依法追究刑事责任： （一）超越或者滥用职权，侵害~~信访人~~合法权益的； （二）行政机关应当作为而不作为，侵害信访人合法权益的； （三）适用法律、法规错误或者违反法定程序，侵害~~信访人~~合法权益的； （四）拒不执行有权处理的行政机关作出的支持信访请求意见的。	**第四十二条** 因下列情形之一导致信访事项发生，造成严重后果的，对直接负责的主管人员和其他直接责任人员，**依规依纪依法严肃处理**；构成犯罪的，依法追究刑事责任： （一）超越或者滥用职权，侵害**公民、法人或者其他组织**合法权益； （二）应当作为而不作为，侵害**公民、法人或者其他组织**合法权益； （三）适用法律、法规错误或者违反法定程序，侵害**公民、法人或者其他组织**合法权益； （四）拒不执行有权处理机关、**单位**作出的支持信访请求意见。
第四十一条 ~~县级以上人民政府信访工作机构~~对收到的信访事项应当登记、转送、交办而未按规定登记、转送、交办，或者应当履行督办职责而未履行的，由其上级行政机关责令改正；造成严重后果的，对直接负责的主管人员和其他直接责任人员~~依法给予行政处分。~~	**第四十三条** **各级党委和政府信访部门**对收到的信访事项应当登记、转送、交办而未按照规定登记、转送、交办，或者应当履行督办职责而未履行的，由其上级机关责令改正；造成严重后果的，对直接负责的主管人员和其他直接责任人员**依规依纪依法严肃处理**。
第四十二条 负有受理信访事项职责的~~行政~~机关~~在受理信访事项过程中违反本条例的规定，~~有	**第四十四条** 负有受理信访事项职责的机关、**单位**有下列情形之一的，由其上级机关、**单位**责

~~下列情形之一~~的，由其上级行政机关责令改正；造成严重后果的，对直接负责的主管人员和其他直接责任人员依法给予行政处分： （一）对收到的信访事项不按规定登记的； （二）对属于其~~法定~~职权范围的信访事项不予受理的； （三）~~行政机关~~未在规定期限内书面告知信访人是否受理信访事项~~的~~。	令改正；造成严重后果的，对直接负责的主管人员和其他直接责任人员**依规依纪依法严肃处理**： （一）对收到的信访事项不按照规定登记； （二）对属于其职权范围的信访事项不予受理； （三）未在规定期限内书面告知信访人是否受理信访事项。
第四十三条　对信访事项有权处理的~~行政机关在办理信访事项过程中~~，有下列~~行为~~之一的，由其上级行政机关责令改正；造成严重后果的，对直接负责的主管人员和其他直接责任人员~~依法给予行政处分：~~ （一）推诿、敷衍、拖延信访事项办理或者未在法定期限内办结信访事项的； （二）对事实清楚，符合法律、法规、规章或者其他有关规定的投诉请求未予支持的。	**第四十五条**　对信访事项有权处理的机关、**单位**有下列**情形**之一的，由其上级机关、**单位**责令改正；造成严重后果的，对直接负责的主管人员和其他直接责任人员**依规依纪依法严肃处理**： （一）推诿、敷衍、拖延信访事项办理或者未在规定期限内办结信访事项； （二）对事实清楚，符合法律、法规、规章或者其他有关规定的投诉请求未予支持； **（三）对党委和政府信访部门提出的改进工作、完善政策等建议重视不够、落实不力，导致问题长期得不到解决；** **（四）其他不履行或者不正确履行信访事项处理职责的情形。**

第四十四条　~~行政机关工作人员违反本条例规定，~~将信访人的检举、揭发材料或者有关情况透露、转给被检举、揭发的人员或者单位的，~~依法给予行政处分。~~ ~~行政机关工作人员在处理信访事项过程中，~~作风粗暴，激化~~矛盾并造成严重后果的，依法给予行政处分。~~ 第四十五条　~~行政机关及其工作人员违反本条例第三十六条规定，~~对可能造成社会影响的重大、紧急信访事项和信访信息，隐瞒、谎报、缓报，或者~~授意他人隐瞒、谎报、缓报，造成严重后果的，~~对直接负责的主管人员和其他直接责任人员依法~~给予行政处分~~；构成犯罪的，依法追究刑事责任。 第四十六条　打击报复信访人，~~构成犯罪的，依法追究刑事责任；尚不构成犯罪的，依法给予行政处分或者纪律处分。~~	第四十六条　**有关机关、单位及其领导干部、工作人员有下列情形之一的，由其上级机关、单位责令改正；造成严重后果的，对直接负责的主管人员和其他直接责任人员依规依纪依法严肃处理；构成犯罪的，依法追究刑事责任：** **（一）对待信访人态度恶劣、**作风粗暴，**损害党群干群关系；** **（二）在处理信访事项过程中吃拿卡要、谋取私利；** **（三）对规模性集体访、负面舆情等处置不力，导致事态扩大；** **（四）**对可能造成社会影响的重大、紧急信访事项和信访信息隐瞒、谎报、缓报，或者**未依法及时采取必要措施；** **（五）**将信访人的检举、揭发材料或者有关情况透露、转给被检举、揭发的人员或者单位； **（六）**打击报复信访人； **（七）其他违规违纪违法的情形。**
第四十七条　~~违反本条例第十八条、第三十条规定的，有关国家机关~~工作人员应当对信访人进行劝阻、批评或者教育。 ~~经劝阻、批评和教育无效的，由公安机关予以警告、训诫或者制止；~~违反集会游行示威的法律、行政法规，或者~~构成违反治安管理~~	第四十七条　**信访人违反本条例第二十条、第二十六条规定的，有关机关、单位**工作人员应当对其进行劝阻、批评或者教育。 **信访人滋事扰序、缠访闹访情节严重，构成违反治安管理行为的，或者**违反集会游行示威**相关**法律**法**规的，由公安机关依法采

~~行为的，~~由公安机关依法采取必要的现场处置措施、给予治安管理处罚；构成犯罪的，依法追究刑事责任。 **第四十八条**　信访人捏造歪曲事实、诬告陷害他人，构成犯罪的，依法追究刑事责任；~~尚不构成犯罪的，由公安机关~~依法给予治安管理处罚。	取必要的现场处置措施、给予治安管理处罚；构成犯罪的，依法追究刑事责任。 信访人捏造歪曲事实、诬告陷害他人，**构成违反治安管理行为的，**依法给予治安管理处罚；构成犯罪的，依法追究刑事责任。
第五十条　对外国人、无国籍人、外国组织信访事项的处理，参照本条例执行。	**第四十八条**　对外国人、无国籍人、外国组织信访事项的处理，参照本条例执行。
	第四十九条　本条例由国家信访局负责解释。
第五十一条　本条例自~~2005年5月1日~~起施行。~~1995年10月28日国务院发布的《信访条例》同时废止。~~	**第五十条**　本条例自**2022年5月1日**起施行。